LE COMTE
DE CHAMBORD

UN MOIS A VENISE

PAR

M. H. BLAZE DE BURY.

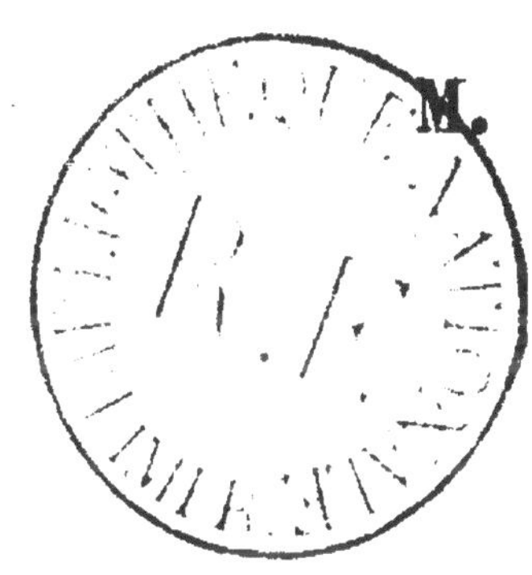

PARIS,

MICHEL LÉVY FRÈRES, LIBRAIRES-ÉDITEURS,

RUE VIVIENNE, 2 BIS.

1850.

Paris. — Imprimerie Dondey-Dupré, 46, rue St-Louis, au Marais.

LE COMTE DE CHAMBORD.

UN MOIS A VENISE.

I

Quiconque rentre en France après avoir séjourné à l'étranger ne peut se défendre d'un sentiment de consternation en présence des progrès qu'a faits dans le mal en quelque temps une situation naguère encore supportable, et dont il semble aujourd'hui qu'on ne doive plus que désespérer. Vous avez laissé la société languissante, vous la retrouvez atteinte au cœur; et les ravages d'une destruction inexorable vous frappent d'autant mieux que vous n'avez pas suivi la crise jour par jour.

Situation désastreuse en effet, surtout si vous la comparez avec ce qui se passe à l'étranger.

Au dehors l'autorité remonte, l'ordre se reconstitue visiblement, l'opinion publique, un instant égarée, et comme jetée en proie à la confusion des partis, se reforme peu à peu sous la sauvegarde des gouvernements réguliers. Ici, au contraire, le pouvoir s'affaisse, les dissensions s'accroissent, les haines s'enveniment, les honnêtes gens eux-mêmes ne s'entendent plus. C'est la tour de Babel avec cette différence pourtant que cette fois le fléau du ciel semble épargner les anarchistes; car ceux-là du moins parlent bien tous la même langue, et n'ayant qu'un seul but, n'ont qu'une impulsion pour l'atteindre.

Redevenue maîtresse de ses possessions italiennes, conquérante souveraine de la Hongrie, forte à l'intérieur d'une armée partout victorieuse, l'Autriche poursuit l'œuvre de sa constitution; et l'idée révolutionnaire n'ayant plus à se prendre aux nationalités qui l'ont désormais secouée comme une superfétation parasite, le gouvernement agit sur un sol libre et déblayé. De graves difficultés subsistent; qui en doute? L'irritation de Venise et de Milan est loin d'être calmée, la Hongrie frémissante n'est maintenue que par les armes, la frontière serbe s'agite. Mais du moins sont-ce là des difficultés dont la politique a raison; difficultés qui d'ailleurs se neutralisent les unes par les autres, et quand on les examine de près, perdent singulièrement de ces proportions monstrueuses que, si volontiers, leur prêtent de loin les hommes toujours disposés à les exploiter.

Ce qui a fait la force de l'Autriche, même

au milieu de ces orages qui l'ont si terriblement ébranlée, ç'a été son principe monarchique, que nul ne songeait à contester, ce respect traditionnel que, même au sein de la guerre civile, professent les populations pour le nom de l'empereur, toujours placé au-dessus des éventualités qu'un dénoûment quel qu'il soit peut amener. Il a suffi à Kossuth pour discréditer à jamais sa cause, et cela jusque parmi les mécontents, de prononcer le mot de république.

Quos vult perdere Jupiter dementat.

A Berlin, égale réaction, égal besoin de raffermir l'autorité du gouvernement et de rompre avec certains souvenirs qui semblent peser à la conscience nationale. Un simple ordre du jour du général Wrangel, et la cocarde allemande, dernier symbole du parlement de Francfort, est répudiée aussitôt par l'armée.

D'ailleurs, ces révolutions, que sont-elles, quand vous les comparez aux nôtres? tout au plus une mise en scène où figurent, en nombre seulement, les comparses nomades et à laquelle prennent d'ordinaire une assez médiocre part les populations du pays. N'en déplaise aux coryphées du socialisme, l'élément révolutionnaire, tel qu'il le leur faut, n'existe au monde qu'à Paris. D'un état de choses plein de difficultés, d'une politique embrouillée, inextricable même, à une situation d'où peut à chaque instant sortir la foudre, il y a loin sans doute; aussi loin que d'un mécontent à un insurgé. Or, si les hommes d'opposition abondent en Allemagne, les professeurs de barricades manquent; et la révolution, surgissant à heure dite, se trouverait en présence d'armées sûres et dévouées. C'est donc un faux calcul que de s'imaginer à tout propos que le premier mouvement fait à Paris s'en ira de nouveau bouleverser l'Europe.

Qu'on ne s'y trompe pas, l'état des puissances n'est plus ce qu'il était au lendemain de la révolution de février. S'il existe des esprits incorrigibles auxquels l'expérience du passé ne saurait profiter, si, en dépit du néant qu'amènent avec elles les révolutions pour ceux-là mêmes qui les ont faites, il se trouve toujours des masses de gens égarés pour courir aux barricades sur les pas d'aventuriers criminels, les gouvernements, eux du moins, semblent avoir compris la leçon et s'être à jamais désaccoutumés de cette fausse politique où nous-mêmes, qui devions tant en souffrir, prîmes une si grande part au dernier siècle, et qui consistait à favoriser chez son voisin tout mouvement pouvant aboutir à l'insurrection. Politique traditionnelle de l'Angleterre dans les colonies espagnoles, et à laquelle, quand toutes les puissances de l'Europe l'ont outrageusement répudiée, lord Palmerston devait le dernier rester fidèle.

Sur une surprise, il n'y faut plus compter. Le temps que nous avons perdu en querelles de journaux, en puérilités électorales, en gaspillages parlementaires, au dehors on l'a utilisé en réformes effectives. Après trente années de paix européenne, sous l'empire d'une diète caduque dont le contrôle ne s'exerçait même plus sur les petits états, on conçoit quels ébats dut prendre la révolution, ayant affaire à des troupes démantelées et à des arsenaux dégarnis. Mais depuis, pour peu qu'on daigne y prendre garde, tout s'est bien réorganisé : la force militaire comme l'esprit public. Les cadres sont complets, les munitions regorgent, l'opinion du pays se prononce pour l'ordre. Et la traînée de poudre que l'anarchie allumerait pourrait bien aller jusqu'au Rhin, mais s'arrêterait là, écrasée sous la botte du prince de Prusse.

Si, maintenant, de ces différents états où la révolution, si menaçante qu'elle ait pu apparaître à certaines dates néfastes, n'a jamais été cependant qu'un contre-coup plus ou moins éloigné, plus ou moins amorti de Paris, le grand arsenal où se brassent ces sortes de tempêtes; si, de ces différents états, vos regards se portent sur la France, quel spectacle! quel enseignement! Cette initiative glorieuse, que l'histoire nous reconnaît et que nous aimons tant à proclamer, cette fois encore elle nous appartient, mais dans le mal, dans le désordre, dans la confusion. La société s'en va, la société meurt, personne ne l'ignore, chacun le répète tout haut. D'ici à deux ans tout sera dit; et de gré ou de force, par le cours naturel des choses ou par la violence, le vieux monde aura entendu son heure sonner à l'horloge de cette commune de Paris qui, il y a soixante ans, nommait Marat, qui hier nommait M. Sue. Car les sinistres logiciens de 93 ne lui laissent plus que ce dilemme dont elle ne doit point sortir :

« Ou vous laisserez le torrent se répandre, ou vous tenterez de lui opposer une digue. Si vous le laissez aller, en 1852, vous abordez à une Convention; et si vous essayez seulement de le combattre, il vous déborde et vous immerge. » En d'autres termes, « le suffrage universel, tel qu'il nous convient de le pratiquer, vous mène droit au socialisme, au communisme, à l'anarchie; et, pour peu que vous prétendiez y mettre ordre, nous vous livrons bataille, une bataille de Waterloo dans les rues. »

Nous commençons à nous en apercevoir, il y a loin de là à ces oppositions dynastiques de 1825 et de 1836, aux luttes parlementaires de Casimir Périer sous la restauration, et de MM. Odilon Barrot et Guizot sous la monarchie de juillet, en ces heureux temps où pour distraire au dehors l'activité dissolvante de la révolution, on inventait journellement des questions extérieures : l'intervention en Espagne, la reine Pomaré, Pritchard, les mariages espagnols, que sais-je? où Louis-Philippe, parlant à M. de Radowitz de la possibilité d'un ministère Molé, ajoutait : « Quand la vapeur est trop tendue, on lâche la soupape. » Hélas! de ces temps bienheureux que nous en sommes loin! S'il fallait lâcher la soupape, le ministère Molé d'aujourd'hui s'appellerait Favre et Charras pour s'appeler demain Charrassin et Colfavru!

Convenons-en, c'est à de moins attiques doctrinaires qu'on a affaire; et, cependant, de bonne foi, qui a préparé la situation? qui nous y amena?

Philosophisme, libéralisme, radicalisme, socialisme! que de chemin parcouru en moins d'un siècle sur cette route du chaos dont nous venons de nommer les quatre étapes mémorables!

Mais, dira-t-on, autant vaudrait faire remonter la cause du mal au cardinal Richelieu?

Pourquoi pas? L'histoire dans ses déductions est inflexible : en consolidant, en élargissant la base du trône par l'immolation de la noblesse française, le cardinal ministre oublia qu'il découvrait la royauté.

Après Richelieu, vint Mazarin.

De même que la noblesse française s'opposait aux mouvements de Louis XIII, ainsi les parlements embarrassèrent la marche de Louis XIV.

On abattit les parlements.

Là commence ce tête-à-tête formidable entre la royauté, que rien désormais ne couvre plus, et les masses dont les prétentions à la vie politique grandissent et se développent.

Avec Louis XIV, les choses vont encore,

grâce à la personnalité puissante du monarque. L'État en effet c'est bien lui, ce n'est plus que lui.

Sous Louis XV, la monarchie se déconsidère et l'ère philosophique s'intrônise.

Les suites chacun les connaît ; est-il besoin d'y revenir?

Du philosophisme, 89 est sorti, de 89, 93, et les destinées de la révolution s'accomplissent.

Cependant, dès le début du siècle, au philosophisme succède le libéralisme, nouveau prétexte d'agitations, nouvelle outre d'Eole gonflée de vents et de tempêtes, et qui, après quinze ans de tracasseries sans nombre, d'intrigues ténébreuses et de tactiques provocatrices, devait aboutir à la révolution de juillet. Le libéralisme, à son tour, engendre le radicalisme, lequel vit peu de temps et fait place au socialisme, dernier terme de l'échelle, à ce qu'on peut prédire. Car, si le bien a pour loi de tendre vers le mieux, le mal, de son côté, incline au pire, et la crise semble devenue imminente.

Le succès du socialisme c'est l'anarchie. Or, de l'anarchie sort toujours l'ordre.

Reste à savoir ce qu'on entend par l'ordre. L'ordre est-il le but définitif, la solution suprême, ou plutôt ne serait-il pas le moyen d'y atteindre?

Grave question qui divise, aussitôt qu'ils se la posent, les chefs de la majorité parlementaire; chacun d'eux ayant à part soi sa petite solution qu'il caresse et dorlotte, son dernier mot qu'il n'ose ou ne veut dire :

« Faisons toujours de l'ordre, quitte à nous

retrouver plus tard, vous légitimiste comme par le passé, moi pour la régence. » Admirable stratégie, et d'un patriotisme rare : déblayer le terrain des souillures de la révolution pour s'en faire un champ de bataille plus commode.

Des demi-mots, des sophismes, quand l'ennemi assiége les portes, quand les murailles s'écroulent sous les coups de marteau !

Tâchons d'aller au fond des choses et parlons franchement.

Cette bataille de Waterloo, dont chaque matin on la menace, supposons que demain la société l'accepte. Supposons en même temps (ce qui peut aussi bien se faire) qu'au lieu de la perdre, elle la gagne.

Que ferez-vous? qu'aviserez-vous? que constituerez-vous?

Quatre prétentions se disputent la France dans l'avenir :

La république, le bonapartisme, le légitimisme, l'orléanisme.

La république, elle est en pleine jouissance de la situation, et chacun peut juger comment elle en profite.

Le bonapartisme a pour lui la sanction du suffrage universel par lequel il a victorieusement passé.

Le légitimisme s'appuie sur son droit national et traditionnel.

Quant à l'orléanisme, si on ne peut dire que le pays se soit prononcé pour lui dans le temps, on ne peut non plus soutenir qu'il se soit prononcé contre. Le pays n'ayant pas été consulté, laissa faire et se prononça ainsi négativement; ce qui en politique peut être encore une manière d'adhérer.

Dans le présent, il n'y a pour tous qu'un devoir : le respect de la Constitution et des pouvoirs qu'elle a établis; mais si par la pensée nous nous élançons vers l'avenir, et si nous raisonnons dans l'hypothèse de la monarchie sortant du suffrage universel, quelle monarchie s'offre à nous?

Y en aurait-il donc deux?

Un principe est absolu; il n'est pas complexe; dès que vous y rentrez, vous devez l'accepter dans toute sa rigueur.

Si le mot de monarchie ne signifie pas invariablement pour tous le représentant légitime et direct de la tradition nationale, s'il peut y avoir la monarchie du comte de Chambord, la monarchie des d'Orléans, la monarchie des Bonaparte, comme il y a la république girondine, sociale, communiste et terroriste, vous ne sortez de la confusion que pour vous y plonger plus avant, vous invoquez le chaos contre l'abîme.

En fait de monarchie, dès qu'il y en a deux, il y en a mille.

D'ailleurs quels sont les droits monarchiques de M. le comte de Paris ou du prince Louis Bonaparte ? Ils représentent deux faits historiques ayant tenu chacun une grande place dans nos annales contemporaines ; l'un a duré onze ans, l'autre dix-sept. Ils ne consacrent ni l'un ni l'autre le principe d'hérédité, ils ne représentent ni l'un ni l'autre le droit national : ils le contestent.

Une plume brillante l'a dit avec une force de logique à laquelle on ne saurait échapper (1).

(1) M. de la Rochejaquelein, *A mon pays*.

M. le comte de Chambord ne prend la place de personne, n'exclut et n'écarte personne; ce n'est pas un souverain qu'on choisit, c'est un principe que l'on reconnaît. Qui donc peut s'étonner de la préférence? elle n'atteint personne, pas plus la famille d'Orléans que la famille Bonaparte. (Consulter sur ce point l'ouvrage de M. le duc de Valmy.)

Avec M. le comte de Paris, M. le comte de Chambord et le prince Louis Bonaparte sont exclus de France. Avec M. le comte de Chambord tout le monde a sa place; le comte de Paris hérite directement; les ducs de Nemours et d'Aumale, le prince de Joinville occupent les grands postes de l'État, le prince-président continue à servir la France. Aucune race, aucun parti, aucun nom n'est froissé; tous au contraire sont ralliés, et les républicains aussi bien que les autres, lesquels pourront dire avec un bon sens et une loyauté du moins temporaires:

« Faisons sincèrement l'épreuve monarchi-
» que ; nous ne sommes pas des vaincus, mais
» des citoyens actifs, consultés, influents, occu-
» pant une place au niveau de toutes, une
» haute et large place dans notre pays. Appelés
» par la monarchie, nous pouvons avec dignité
» accepter le rôle qu'elle nous offre ; nos fa-
» milles, notre religion, nos supériorités, nos
» ambitions honorables même ont leur sécu-
» rité, leur liberté, leur jeu, leur grandeur
» dans une forme de gouvernement qui n'hu-
» milie personne, qui ne proscrit personne ;
» essayons et prêtons-nous de bonne grâce aux
» volontés de la Providence qui paraît se dé-
» clarer de vingt en vingt ans par des coups
» d'État du ciel pour la monarchie. »

Ces paroles sont de M. de Lamartine ; seulement dans la pensée de l'illustre chantre des *Girondins*, c'est la république qui les adresse aux légitimistes. Il nous a suffi de substituer partout le mot de monarchie à celui de démocratie pour en faire le discours que, dans l'hypothèse que nous poursuivons, la monarchie légitime adresserait aux républicains qui après tant d'épreuves de tout genre, mieux informés de leurs droits et de leurs devoirs, rentreraient volontairement sous la loi de leurs pères sans croire pour cela s'humilier.

Revenons à la discussion.

Plus que jamais un rapprochement entre les deux branches de la maison de Bo ubon est devenu nécessaire, pressant, indispensable. Mais un rapprochement sérieux, authentique, où Frohsdorf et Claremont interviennent de telle façon que les partis en reçoivent une force de discipline dont on n'a eu jusqu'ici qu'à déplorer l'absence. Cette nécessité d'une fusion, tout le monde la reconnaît et la proclame ; les habiles, ceux-là même qui ont dit :

« Gagnons du temps et restons chacun avec nos chances, » ne contestent plus qu'à un moment donné le salut du pays en pourrait dépendre. Et cependant que voyons-nous de réel au fond de ces démarches? Quel progrès depuis qu'on s'en occupe les négociations ont-elles fait ?

Des mots à double sens que chacun explique à sa manière, des oracles douteux que paraphrasent les hiérophantes, puis en somme rien de précis, d'articulé, de définitif.

En attendant on continue à *faire de l'ordre* et à rester ce qu'on est, sans vouloir aviser que les rouges aussi restent ce qu'ils sont, c'est-à-dire unis, disciplinés, et parfaitement d'accord sur le but comme sur les moyens.

Pour s'entendre il faudrait avant tout de la droiture, de la franchise, de la bonne volonté.

En a-t-on?

Est-ce avec des réticences continuelles que se font les traités d'alliance?

Veut-on ou ne veut-on pas, une bonne fois, qu'on s'explique et qu'on en finisse avec une diplomatie qui à la longue donnerait à penser qu'on espère se ménager plusieurs chances, lorsque le devoir et l'honneur n'en indiquent qu'une seule?

« Que Henri V soit proclamé roi de France et nous promettons de le servir. » En d'autres termes : Si la France, après tant de secousses et de vicissitudes, fatiguée de cette vie sans lendemain que les révolutions lui ont faite, se retourne vers le principe monarchique comme vers la dernière arche de salut qui lui reste, nous arrivons à la suite du roi, et comme M. le comte de Chambord n'a point d'enfant, nous donnons son héritier au trône. Mais au cas où les hasards d'une journée mettraient la couronne dans nos mains, il ne peut dépendre de nous d'abdiquer dès aujourd'hui notre liberté d'action, et l'on ne saurait engager l'avenir.

Au premier abord le raisonnement semble habile. Et cependant, quoi de plus erroné, de plus maladroit, de plus vain ?

Nous ne parlons pas de la question de loyauté foulée aux pieds, de ce qu'aurait de révoltant aux yeux de la France et de l'Europe cette violation nouvelle du droit, cette récidive dans l'usurpation.

Vous auriez beau, pour masquer l'odieux d'un pareil acte, remonter à votre investiture du 9 août. Ce fait en vertu duquel vous héritiez encore le 23 février 1848, la révolution du lendemain l'a brisé. Or, une dynastie de fait ne saurait se perpétuer en dehors de ce fait. Un principe seul subsiste au-dessus des événements. Et s'il arrivait que le hasard ou la fortune d'une journée révolutionnaire rapidement exploitée vous fît échoir la puissance, vous ne la prendriez que par une usurpation nouvelle.

C'est là, nous ne l'ignorons pas, un point de doctrine dont on peut médiocrement se soucier par le temps qui court. Malheureusement ici la doctrine et l'intérêt se confondent. On ne saurait rompre en visière à celle-là sans compromettre celui-ci ; or l'immoralité d'un tel acte en ruinerait d'avance les résultats.

Se figure-t-on, en effet, l'attitude d'un gouvernement de ce genre en face des haines inassouvies du parti démagogique et du juste ressentiment des légitimistes, plus ulcérés, plus irréconciliables que jamais ; des légitimistes, ce parti qui, lorsqu'il ne fut pas assez fort pour faire un gouvernement à lui seul, le fut assez toujours pour empêcher un gouvernement d'exister et de durer longtemps malgré lui : *témoins Napoléon et Louis-Philippe qui ne seraient jamais tombés s'ils avaient eu les légitimistes avec eux!* Le premier disait : « Si j'étais mon petit-fils! c'est-à-dire que ne suis-je légitimé par le temps! » Le second disait : « Il me manque quelque chose, c'est-à-dire un droit légitime au trône. »

Et c'est ce principe contre lequel, au dire même des ministres de Louis-Philippe (1), dix-huit ans de règne et toute la capacité d'un monarque rompu aux affaires et vieilli dans la pratique des hommes n'ont pu prévaloir, un principe dont tant de bouleversements, de catastrophes, de crimes et de misères n'auraient fait que rendre l'intégrité plus nécessaire;

(1) Voir le remarquable écrit de M. de Salvandy.

c'est ce principe qu'on viendrait contester au nom d'un enfant qui n'a de force et de titre qu'à la condition qu'il s'y rattache, et qui en dehors se perd dans le nombre des prétendants, au nom de la régence d'une femme, cette source de troubles dans notre histoire!

A quoi donc sert l'expérience du passé, à quoi sert l'évidence des faits et des événements, si des esprits éclairés et généreux peuvent se laisser entraîner de la sorte et sacrifier à des velléités sympathiques les véritables intérêts du pays et de la cause qu'ils défendent ?

De bonne foi, sur qui s'appuierait un gouvernement de cette espèce?

Avec qui marcherait-il?

Quelle serait son autorité, sa loi d'être?

Chassé dans le passé par la révolution, serait-il révolutionnaire? ferait-il de la force, de l'ordre, de la répression au nom d'un principe dont il serait la violation la plus flagrante?

De la force?

Au dedans comme au dehors il n'y a que deux gouvernements qui en puissent faire.

Demandez à l'étranger, il vous les nommera.

La France, nous disait un homme d'Etat, nous l'abhorrons *rouge*, mais on aurait grand tort d'en conclure que nous soyons si pressés de la revoir *blanche*.

En effet, une France intermédiaire, *nuancée*, une France ayant à se faire accepter, une France *parvenue*, voilà au fond ce qu'on préférerait.

« Nous avons eu de l'Angleterre tout ce que nous pouvions obtenir, écrivait en 1834

M. de Talleyrand au moment de quitter son poste d'ambassadeur à Londres; le temps des sacrifices va commencer et je ne veux pas m'en mêler. »

Le malheur veut que derrière cette France à concessions, le hideux fantôme de la Terreur paraîtra toujours pour vous; et, force pour force, mieux vaut encore à tout prendre opter pour la force du gouvernement monarchique, car si celle-là vous tient en respect, du moins jamais elle ne vous menacera de propagandes communistes.

Mais alors, s'écrie-t-on, que M. le comte de Chambord abdique en faveur du comte de Paris. Par là toute difficulté se trouverait aplanie, et c'est le moins assurément que son patriotisme puisse faire.

A de semblables sollicitations M. le comte

de Chambord n'aurait qu'à répondre par les magnifiques paroles de Louis XVIII à Bonaparte : « Si mes droits étaient litigieux, votre démarche servirait à les établir. »

Pourquoi abdiquer ?

Et lors même que M. le comte de Chambord le voudrait, le peut-il ?

Les personnages qui se sont empressés de se porter les promoteurs de cette idée d'abdication ont eu, selon nous, un tort fort grave, celui de ne pas considérer qu'après tout la situation resterait la même.

Il n'appartient pas à l'homme d'intervertir l'ordre naturel. En politique, M. le comte de Chambord n'occupe une si grande place que parce que autour de lui se groupe un parti puissant, le parti de la terre, du sol, de la grande propriété, des grandes industries.

Or, supposez que, de guerre lasse et par obsession, M. le comte de Chambord (ce qui, Dieu merci, est aussi loin de son caractère que des sentiments qu'il a de ses devoirs) consentît à se retirer de la scène, à s'annuler.

Pensez-vous que le parti dont nous parlions tout à l'heure, ce parti qui, pour nous servir d'une belle expression de M. de Lamartine, n'a qu'à se mêler aux événements pour les incliner de tout son poids vers ses idées, cesserait de voir en lui le représentant du principe de légitimité? Nul ne touche impunément à la loi de succession; il ne dépendra jamais d'un homme de faire que le cadet soit l'aîné ou l'oncle le neveu; d'ailleurs, de ce qu'un homme est le dépositaire direct et légitime d'un principe, il ne s'ensuit pas qu'il dispose de ce principe. Dépositaire du droit, il en doit compte à ceux qui l'ont précédé aussi bien qu'à ceux qui lui succéderont.

Et qu'à ce propos il nous soit permis de le dire en passant, que de maux eussent été épargnés à la France si Charles X, placé comme tout dépositaire du pouvoir souverain entre le passé et l'avenir, entre son aïeul et son petit-fils, se fût senti trop engagé de responsabilité vis-à-vis de l'un et de l'autre pour fléchir devant une émeute dont ceux-là même qui la provoquèrent par quinze ans de luttes implacables ont si sincèrement depuis déploré le néfaste succès?

Heureusement en Europe, à défaut des rois qui eux aussi s'abandonnèrent pendant la tourmente, d'illustres chefs ont compris les devoirs de la royauté, et le principe a survécu.

Au moment où l'empire d'Autriche, battu par le triple ouragan révolutionnaire, semblait s'écrouler de toutes parts, au moment où la personne impériale n'était plus qu'un jouet livré aux vents de la tempête, deux hommes, sans s'être entendus, sans avoir reçu d'ordre supérieur (en de pareilles crises qui en donne?), de leur propre autorité, de leur propre inspiration, mus par cette seule idée : Sauver le principe; deux hommes s'élançaient de divers points de l'empire.

L'un du fond de la Hongrie :

C'était le Ban.

L'autre du cœur de la Bohême :

C'était Windischgraetz.

A deux cents lieues de distance l'un de l'autre, un même mouvement prophétique, un même élan, une même idée les poussait tous les deux sur Vienne en même temps : sauver le principe.

Ils le sauvèrent en effet et avec lui l'empire.

Dans les circonstances décisives vers lesquelles nous marchons par étapes si précipitées, rien de ce qui, à un moment donné pourra devenir l'unique force et l'unique salut de la France, ne saurait demeurer irrésolu et désuni.

Entre le principe de la monarchie et le socialisme, au jour où se posera la question, il n'y aura plus place, croyez-le bien pour les combinaisons intermédiaires et les brigues dynastiques.

Que feriez-vous donc dispersés, lorsque toutes vos forces rassemblées, à peine suffiront à reconstruire un état social régulier, à réintégrer sur une base ferme l'autorité jetée à bas et dégradée par tant de profanations et d'opprobres?

D'ailleurs ces lois éternelles de la famille outrageusement insultées par les barbares, n'est-ce pas à vous plus qu'à personne de les consacrer par votre exemple en leur sacrifiant toute arrière-pensée, toute idée en dehors du droit traditionnel?

Il faut qu'à ceux qui parlant de monarchie seraient tentés de demander laquelle, vous repondiez : Il n'y en a qu'une.

La monarchie de M. le comte de Chambord ayant, à défaut d'enfants, pour héritier direct et légitime M. le comte de Paris, et pour appui les princes de la famille d'Orléans.

« Nous ne voulons rentrer en France qu'avec M. le comte de Chambord. »

Cette parole qu'on vous attribue, faites que la France entière l'entende, qu'elle devienne un acte.

Alors bien des nuages s'éclairciront, bien des doutes seront levés, qui, dût le jour de la monarchie ne reparaître jamais, n'en doivent pas moins être effacés pour l'honneur de la cause et la gravité des partis.

Ce que l'avenir nous réserve, Dieu seul le sait; mais les conditions de l'heure présente, il dépend de nous de leur rendre toute la dignité qu'elles comportent.

« Votre rôle comme d'Orléans est accompli, vous redevenez Bourbons. » Le mot est de M. Guizot, où tout au moins on le lui prête. Quoi qu'il en soit, le pis aller reste assez glorieux pour qu'on s'y tienne et le préfère aux aventures. Le nom de Bourbon, qui chez vous devait survivre à tant de choses, ce grand nom par lequel surtout vous valez à cette heure, ne vous commande-t-il pas de rentrer dans la loi de la tradition avec laquelle vous avez rompu depuis 1830? Vous le devez à vous-mêmes, à la France, dont vos dissensions augmenteraient encore les troubles et le désespoir, et qui, lancée à travers les abîmes, de jour en jour se souvient davantage du port qu'elle a jadis perdu.

Ce grand nom de Bourbon ne fût-il qu'un phare de plus dans la tempête, elle en a besoin, il le lui faut pour qu'elle ne désespère pas de l'avenir.

Un peuple comme un individu a besoin d'un lendemain. Le présent n'est jamais qu'une sorte de pont jeté entre la veille et le jour qui suit. On ne vit pas dans le présent, on y passe, on ne bâtit pas sur les ponts.

De lendemain il n'y a qu'un principe qui puisse en donner à la France. LE ROI REPRÉSENTANT HÉRÉDITAIRE DE LA NATION FRANÇAISE, disait Mirabeau.

Dans deux ans le vote universel aura à se prononcer.

Quels sont les moyens de défense de la société à l'heure qu'il est? à qui s'en remettre du soin de sa conservation? sur qui compter?

Chez les individus un état pareil ne dure point, il amène une crise qui décide de la vie ou de la mort.

Or les sociétés ne meurent pas, elles se transforment, et c'est dans ces transformations même qu'il faut aller chercher les éléments d'ordre et de régénération de la société nouvelle.

II

On a reproché à M. le comte de Chambord de manquer d'initiative, d'attendre tout des événements sans devoir rien entreprendre pour les précipiter ou les contenir.

Un tel reproche est-il bien sérieux et pense-t-on qu'il lui convienne à lui de courir les aventures ?

Plus que jamais la France aime l'audace et

volontiers se laisse prendre aux coups de tête; par moment même, et elle l'a prouvé, certaines folies ne lui déplaisent pas. Mais ces mêmes hasards qui, après avoir si peu succédé à d'autres, ont fini par contribuer à leur fortune, est-il dans la destinée de chacun de les tenter? Et dans une époque où tant de misérables prétentions pullulent et manœuvrent, où toutes les ambitions, tous les appétits, toutes les perversités s'agitent pour le gouvernement, n'a-t-elle donc point aussi quelque grandeur cette dignité calme du représentant de l'idée qui a fait la France ce qu'elle est dans l'histoire, cette attitude du petit-fils de Henri IV sacrifiant tout au besoin de respecter la volonté de la France jusque dans ses erreurs, et qui, fort seulement de ses sympathies pour nos misères et nos souffrances, fort de son intelligence des temps nouveaux et des moyens de salut dont il peut se sentir l'unique et suprême dépositaire, attend loin des conspirations et des coups de tête l'heure marquée par Dieu et la nation ?

Cette heure-là, M. le comte de Chambord ne la poursuivra point comme un but, il l'attend comme un résultat.

Je ne sais plus quel moraliste, apostrophant les hommes d'Etat de son époque, s'écrie dans un transport de pieuse colère : « O puissants de ce monde ! après avoir essayé de tout, de la perfidie et de la fraude, du mensonge et de la corruption, ne serait-il point temps d'essayer enfin de la vertu ? »

Cette parole me revient au sujet de M. le comte de Chambord.

En effet, en présence de tant de brigues audacieuses et de passions insensées, ce calme du droit semble avoir son enseignement, et tant de choses viles se sont agitées depuis deux ans, qu'il pourrait bien se faire qu'aux yeux de la France, la dignité eût, elle aussi, son jour.

Ce manque d'initiative qu'on reproche à M. le comte de Chambord, pour bien des gens, du reste, se résume en ces mots :

« Je ne le connais pas. »

Admirable argument, qui, pour peu que vous le pressiez, finirait par lui faire un crime de ne point s'être montré assez souvent à cheval dans les rues de Paris.

Un soir, au milieu d'un entretien pendant lequel l'héroïque et chevaleresque Ban de Croatie venait de nous raconter comment il avait glorieusement contribué à sauver l'empire lorsque son ambition aurait pu se faire une si large part dans une dislocation générale, nous

nous écriâmes : « Mais vous auriez pu être Wallenstein.» Qui en doute? répondit Jellachich ; seulement deux raisons m'en eussent empêché : La première, c'est que, quoi qu'il arrive, il faut toujours faire son devoir fidèlement, loyalement. La seconde, c'est que si j'eusse été Wallenstein, je ne serais pas ce que je suis.»

Ego sum quis sum. N'est-ce pas aussi ce qu'on pourrait répliquer au sujet de M. le comte de Chambord?

Pourquoi d'ailleurs s'agiterait-il? Il a pour lui la force des choses, ou il n'a rien.

Or la force des choses n'est pas un élément qu'on pousse ou qu'on retienne à son gré; on n'a qu'à la laisser faire, et tôt ou tard elle finira par avoir raison de tout.

III

Attendre dans l'étude et la méditation, se préparer à tout, suivre en leurs incessantes vicissitudes les diverses périodes qui se déroulent depuis vingt ans, s'informer des événements, mieux encore, vivre avec eux, tel est à peu de chose près le programme de l'existence de M. le comte de Chambord.

D'esprit plus essentiel, plus instruit de tout

ce qui se passe, plus au niveau des hommes et des faits de l'Europe contemporaine, je n'en connais pas, même en France. On se demande, en écoutant cette conversation animée, brillante, anecdotique, toujours profondément sensée et sérieuse, s'il est bien vrai qu'on soit à Frohsdorf ou à Venise, à six cents lieues de France, de Paris. Il y a dans les paroles du prince de ces éclairs qui dénotent l'intelligence supérieure. Son appréciation des hommes est surtout pleine de justesse et de tact; il sait, au fond, ce que chacun vaut, ni plus ni moins : serviteurs de la monarchie de juillet et de la république de février, il les a vus à l'œuvre, et qu'il s'agisse de leur force ou de leur faiblesse, de leur grandeur ou de leur petitesse, on peut compter qu'à ses yeux la distance n'aura pu rien grossir ni rien diminuer.

Modeste au plus haut degré et d'une réserve

extrême, d'ailleurs facile à comprendre chez un prince exposé à voir journellement défiler devant lui des figures étrangères, qu'une oiseuse curiosité souvent amène, M. le comte de Chambord parle peu; mais quiconque aura eu l'honneur d'assister à un de ces entretiens où cette âme si noble s'épanche, ne pourra s'empêcher, à quelque opinion qu'il appartienne, de reconnaître les hautes qualités que nous venons de signaler.

Quant au caractère, il se manifeste au seul abord, dans ce regard limpide et bleu où la droiture se reflète, sur ce front calme et fier où respirent le courage et la dignité. Aussi, je le répète, au premier aspect, la sympathie vous gagne, cette sympathie sans arrière-pensée, que la probité commande autour d'elle. Avant de rien savoir du prince, vous sentez le cœur honnête et droit. Plus tard, vous retrouvez le prince; et c'est alors une distinction souveraine qui vous frappe. En général, dans les diverses reproductions de cette physionomie déjà mainte fois esquissée par le crayon et par la plume, on me semble n'avoir point assez insisté sur l'air véritablement significatif dont je parle. Les portraits de M. le comte de Chambord me paraissent s'ingénier surtout à chercher la régularité parfaite de l'ovale, le *beau*, tel qu'on l'entend dans un certain monde. De là quelque chose de froid, de charmant et de maniéré, qui, tout au plus, rappelle le noble visage du prince à ceux qui ont eu l'honneur de l'approcher et qui portant en eux les traits essentiels de sa physionomie — la droiture et la distinction — en peuvent animer l'inerte copie.

IV

A Venise et à Frohsdorf la vie s'écoule à peu près dans les mêmes occupations sérieuses. Pour certaines natures, il n'y a pas deux manières de tromper l'exil.

Etudes, correspondance, lecture des journaux, des brochures, de ces vingt publications politiques que chaque matin voit éclore (M. le comte de Chambord exige qu'on le tienne au courant de tout), c'est à quoi se dépense à l'ordinaire une grande partie de la journée; puis viennent les distractions et les exercices , la chasse et le cheval. Venise naturellement offre, sous ce rapport, moins d'avantages que Frohsdorf avec ses profondeurs boisées, ses collines à vastes perspectives, ses steppes hongroises que le galop mesure sans fin; n'importe, on en est quitte pour gagner la *terre ferme* en gondole, les chevaux vous attendent à Mestre, on arrive et l'on part.

M. le comte de Chambord est un des plus brillants cavaliers et des plus hardis qui se rencontrent; à peine à cheval, sa haute aptitude se manifeste par les signes les plus certains : beaucoup d'aisance, de grâce et d'aplomb dans sa manière d'être assis, une rare souplesse de main, une ardeur intrépide à se porter en avant ; il a pour lui, à un degré marqué, les grandes qualités de l'école française, et monte avec une vigueur, un entrain, un éclat qui du reste ont été dès longtemps appréciés par la plupart des généraux de la cavalerie autrichienne, lesquels, nous pouvons le dire, sont passés maîtres en pareil art et ne se prononcent point à la légère.

Cependant, à Venise on voit plus de monde.

Cette année, d'ailleurs, la vieille cité des doges, au lendemain de ses bouleversements révolutionnaires, offrait un intérêt de circonstance à l'esprit de M. le comte de Chambord, passionnément adonné aux études stratégiques.

Presque tous les jours, à midi, le prince sortait pour aller sur divers points rencontrer des hommes spéciaux avec lesquels il s'entretenait, jusqu'à l'heure du dîner, des mouvements de l'attaque et de la défense pendant le siége. Le fort de Malghera attirait surtout son attention.

On sait quelle résistance terrible les Vénitiens opposèrent de ce côté aux troupes autrichiennes; il y avait là une imprenable batterie qui, vigoureusement entretenue par les derniers héros de la révolution expirante, ne cessait de faire d'affreux ravages dans les rangs ennemis. Les Autrichiens, ripostant de leur mieux, n'en subissaient pas moins les conséquences d'une position désastreuse, et du milieu de ces fiévreuses flaques d'eau qui entourent Venise, trempés jusqu'au genou, tenaient tête à la mitraille qui les décimait.

Tout à coup, un capitaine dont la compagnie avait beaucoup souffert depuis le matin, se présente au général de Thurn, lui offrant d'aller seul, à la tête de sept hommes de bonne volonté, s'emparer de cette batterie.

On devine quelle fut la réponse du général commandant à cette offre :

« Vous êtes fou ; vous et vos hommes serez massacrés, et cela sans profit pour personne. »

Puis, comme le capitaine persistait avec acharnement :

« Eh bien donc, je ne m'y oppose pas ; allez vous faire tuer et prenez vos sept hommes, mais je ne vous en donne pas un de plus. »

La nuit venue, l'héroïque groupe, armé dans l'eau jusqu'aux dents, s'avance à travers la lagune.

Le volcan de la forteresse continue à vomir des flammes, les fusées sillonnent le ciel ; eux, cependant, silencieux, cheminent vers leu but pas à pas, la baïonnette en avant, que la vague dérobe.

Arrivé au pied du rempart, le chef de l'expédition commande l'assaut et s'élance le premier sur la brèche.

Les Vénitiens troublés, éperdus à cette apparition, croyant avoir affaire à un ennemi vingt fois plus nombreux, prennent peur et décampent, mais non sans qu'une baïonnette n'ait eu le temps de percer la poitrine du brave capitaine qui, frappé à mort, s'affaisse sur un canon en murmurant à ses hommes : « N'oubliez pas d'enclouer les pièces. »

Le général de Thurn avait prédit le vrai, cet héroïsme fut stérile.

Une heure après, les Vénitiens reprenaient position, et la batterie s'allumait de plus belle.

V

J'ai dit qu'à Venise on voyait plus de monde. Indépendamment des visites nombreuses que la famille royale reçoit à chaque instant des divers points de la France, ici s'empresse autour d'elle une société nouvelle.

Presque chaque jour le prince réunit à sa table l'élite de la compagnie autrichienne; les familles vénitiennes elles-mêmes, qui, depuis les derniers événements, affectent de ne paraître nulle part, semblent se relâcher de leur exclusivisme en honneur du palais Cavalli: privilége flatteur réservé uniquement au salon de madame la comtesse de Chambord, et dont on ne saurait apprécier l'importance, à moins d'avoir vu de ses propres yeux l'attitude que gardent, l'une vis-à-vis de l'autre, dans les rapports sociaux, les deux parties de la population actuelle de Venise.

C'est en effet quelque chose de résolu, d'invétéré, d'irréconciliable, qui se traduit désormais, non par des rixes au fond des cabarets, ou de nocturnes coups de couteau au tournant des ruelles, les mœurs bénévoles et pacifiques du Vénitien moderne s'opposent à ce genre de tactique (et le dictateur Manin, s'il pouvait nous donner ses libres impressions, en conterait peut-être là-dessus plus que nous ne saurions dire); mais par toute sorte de vexations ingénieuses, de persévérantes taquineries qui, pour ne pas atteindre toujours leur but, n'en ont pas moins bonne envie de harceler le barbare et de lui rendre dure l'existence sur le sol de Saint-Marc.

On en a fini, et pour longtemps, j'imagine, avec les baïonnettes (quiconque aura sainement examiné l'état des deux pays, pensera comme nous); restent les coups d'épingle, et l'on n'a garde de les épargner.

Tout le monde connaît la célèbre manœuvre du général moscovite pendant les campagnes de Napoléon en Russie, se retirer toujours, faire le vide.

Contre les Autrichiens, à l'heure qu'il est, Venise n'a pas d'autre stratégie.

Du plus loin que l'étranger paraît, s'éloigner en silence.

On se promenait au soleil; il vient, on passe à l'ombre.

Et tous les jours, à deux heures, la place Saint-Marc offre à l'observateur le curieux spectacle d'une ville partagée en deux camps, où Guelfes et Gibelins, blancs et noirs, circulant par bandes égales, se coudoient sans se provoquer.

Ici, dans la lumière, les uniformes blancs, le cliquetis des sabres, le jeu chatoyant des rubans et des plaques; là-bas, du côté humide et sombre, les robes noires et les manteaux bruns; d'une part, la langue victorieuse du barbare Germain; de l'autre, la langue asservie de Dante et de Pétrarque : le *Ia* et le *Si* se croisant au son des fanfares autrichiennes, que ces Italiens, en dépit de leurs instinctives répugnances, ne peuvent point cependant s'empêcher de venir écouter (tant le dilettantisme, chez cette race artiste, finit par triompher de tous les sentiments). Puis, planant sur cette scène et du haut de sa colonne de granit, assistant, impassible, à nos humaines discordes, le lion ailé de Saint-Marc, dont la griffe séculaire s'appuie sur une page des saintes Écritures, où sont gravés ces mots : « *Pax tibi, Marce, evangelista meus.* »

Il faut convenir que, par les temps qui courent, l'apostolique légende a bien quelque peu l'air d'une ironie.

Le 25 mai 1797, survint la révolution française, qui tourna brusquement le feuillet, et à la place du verbe de paix, écrivit : Droits de l'Homme.

Depuis, le lion ailé et la colonne sont restés debout, le livre aussi demeure ouvert. Rien ne périt dans l'histoire du monde; il s'agit seulement d'épeler quelques pages plus loin le même livre.

Rude et sévère besogne !

Souvent plusieurs siècles se passent à déchiffrer l'hiéroglyphe, et, pendant ce temps, des générations entières disparaissent.

En attendant, la discorde se perpétue, et Saint-Marc se partage en deux camps.

S'il nous fallait un exemple de l'influence irrésistible, de l'espèce de charme qu'exerce autour de lui M. le comte de Chambord, nous le trouverions dans cette unanime sympathie que sa présence inspire à Venise, cette ville si profondément désunie, et aujourd'hui peu bienveillante pour l'étranger quel qu'il soit.

Un moment après la révolution, le bruit se

répandit que la famille royale cesserait de venir habiter l'hiver au palais Cavalli, et le lendemain une tristesse générale s'empara de Venise ; ce fut presque comme un deuil nouveau qui se joignait à l'autre.

Et pourtant qu'est là M. le comte de Chambord ? Un étranger, un passant !

Sur ce palais Cavalli aucun drapeau ne flotte, nulle cocarde princière n'étoile au front ces gondoles que la vague du *Canal Grande* balance au degré du vestibule. Mais la femme du peuple qui passe, son enfant dans les bras, sait que derrière ces murs veillent des cœurs maternels dont la charité ne se lasse pas, d'inépuisables consolations pour toutes les souffrances ; mais la société sait qu'elle a désormais un centre pour se réunir, pour causer du présent et s'en instruire et pour oublier le passé.

Cette influence qu'exerce dans Venise la présence de M. le comte et de madame la comtesse de Chambord ne se peut définir ; on la sent d'autant plus que les illustres hôtes vous paraissent la moins chercher.

Glorieux privilége de cette royale famille qui semble destinée à réparer, même chez l'étranger, les désastres de la révolution !

VI

Le grand canal forme comme la ceinture de Venise, éblouissante ceinture où le génie de la Reine des eaux paraît avoir accumulé en joyaux inappréciables les plus merveilleuses fantaisies de son architecture.

Toute l'histoire de la sérénissime république est là écrite en masses de granit, de marbre et de jaspe.

Vous passez et vous lisez.

Car les palais ne se comptent plus le long de cette voie lactée de la lagune. Vers midi, aux phosphorescentes réverbérations de la vague, ce spectale a quelque chose de l'effet d'un rêve oriental.

Les maisons brunes, blanches, grises, couleur de brique, les murs neufs et caducs, grands et petits, croulants et tapissés de lierre, les grillages dorés ou vermoulus, les *Campi* et les *Traghetti*, les obélisques de cyprès et les girandoles de lauriers roses, puis de droite et de gauche les ruelles humides dans la chaleur, les canaux de traverse, sombres dans l'éclat du soleil, tout cela se croise, s'enchevêtre et se confond au milieu des palais et des dômes ; les tours semblent surgir du vide, les coupoles flotter comme des nuages tantôt épais et lourds, tantôt empourprés de lumière.

Au grand jour, il faut bien cependant l'avouer,

ces palais ont un air de tristesse; on leur voit pendre au front la toile d'araignée, cette cendre mortuaire de l'architecture. Mais laissez que le clair de lune se lève, et le marbre décrépit redevient jeune, et les croulantes majestés se recouvrent d'un lin plus blanc que la neige des Alpes.

Alors seulement vous comprenez le sens de ces strophes mystérieuses que trace en caractères argentés le céleste croissant sur le marbre des palais vénitiens. Alors seulement vous comprenez le sens de cette musique aérienne que murmure, au battement des rames, la vague des canaux.

Les rimeurs ont de tout temps abusé de Venise, et pourtant si déshéritée et si déchue que soit la Niobé marine, il est impossible de l'avoir approchée une fois sans s'expliquer cette espèce de passion hystérique que depuis

Foscari jusqu'à Byron, tous ses amants ont ressentie pour elle.

Je doute qu'il existe quelque part, même aujourd'hui, même dans le ténébreux chaos où se débat la civilisation européenne, une âme assez barbare pour ne point avoir à ce nom comme une vague idée de cette sublime ruine du passé que nous appelons encore la poésie.

Issus d'une même origine, tous ces palais forment entre eux comme une superbe famille et se ressemblent sans que l'on puisse dire que l'un soit exactement pareil à l'autre.

Fin, élégant, délicat, merveilleusement ouvragé, voilà *Contarini dai Scrigni;* plus haut les deux *Giustiniani*, aériens, vaporeux, découpés en dentelles sans nombre.

Puis *Foscari*, idéal d'un palais, harmonieux,

commode, magnifique, avec ses colonnes imitant la tige du palmier, dont ses fenêtres rappellent les feuilles.

Somptueux, splendide, grand seigneur s'élève *Rezzonico* avec son rez-de-chaussée massif et quadrangulaire, son vestibule immense à piliers entrelacés, ses deux étages chargés de colonnades.

Simple et grandiose, respirant le calme et la dignité, *Corner della Regina* avec ses trois portes ouvertes et ses deux balcons en galerie à têtes de lions.

A cette profusion de sculptures, à ce luxe inouï des matériaux les plus précieux, vous reconnaissez *Pesaro*. Et si vous voulez un moment rêver de Grenade et du Généralife, jetez en passant un coup d'œil à la maison des Turcs.

Maintenant voyez à votre droite ce palais dont les fênêtres bleues s'ouvrent comme autant de gracieuses campanules; ravissant, poétique enchanté : c'est *Vendramin-Calerghi*, la demeure de madame la duchesse de Berry.

Le jardin du palais Vendramin, l'un des plus spacieux et des plus embaumés de Venise, complète au dehors l'habitation de madame la duchesse de Berry, véritable musée au dedans, où se trahit à chaque pas la main fine et délicate de l'auguste princesse en qui les beaux-arts saluèrent autrefois en France leur plus gracieuse patronne.

On parle encore à Venise des concerts et des bals du palais Vendramin, de ces comédies de société auxquelles prenait part tout le monde, les Italiens comme les Autrichiens; et Saint-Marc, qui a tant vu de fêtes, se souvient des dernières réceptions de madame la duchessse de Berry.

Ces soirs-là, Vendramin étincelait par toutes ses ogives ; les gondoles pleines de fleurs et de diamants affluaient au degré du palais dont la grande salle aux colonnes de jaspe s'animait au feu des girandoles, aux mille fanfares de l'orchestre.

L'antique Venise alors croyait renaître, et le vieux lion de Saint-Marc respirait par ses naseaux de bronze comme un souffle errant du passé. Illusion que la révolution ne tarda pas à dissiper.

Elle vint donc ; et là comme ailleurs tout se tut.

Un matin, madame la duchesse de Berry voulut fuir :

« On ne passe pas, » cria aux gondoliers qui menaient sa barque cette voix enrouée et sinistre que la lagune de Venise engendre aux jours d'émeute aussi bien que le pavé des autres villes.

« Allez toujours, répondit la princesse du fond de sa gondole, la duchesse de Berry passe partout.

— Vous n'êtes pas la duchesse de Berry, » poursuit alors la voix devenue plus rauque et plus menaçante.

A ces mots, la duchesse bondit à la proue de sa gondole, et d'un accent de Vendéenne : « Que ceux qui prétendent que je ne suis pas la duchesse de Berry osent donc me regarder en face ! »

L'émeute n'en demanda pas davantage, et la barque passa.

Revenons au *Canal Grande*.

On raconte que le doge Francesco Foscari recevant sur le *Bucentaure* l'empereur Frédéric III, celui-ci, enivré des merveilles de la sérénissime capitale, s'écria dans le naïf épanchement de sa convoitise : « Que Venise se garde des princes de la maison d'Autriche ! »

Eblouissement prophétique où perçait déjà toute la vérité de l'avenir !

VII

Avant d'arriver au Rialto, vers le milieu du Grand canal, s'élève le palais Cavalli, gothique, frais et transparent, pierre que le temps semble avoir changée en cristal !

Vous entrez, vous êtes en France !

On a dit que le sol où flottait le pavillon du pays devenait à l'instant national : sur le palais Cavalli nul pavillon ne se déploie, la livrée qui circule sous le péristyle n'a pas même de cocarde, et cependant vous êtes bien en France. Cette France dont l'illustre exilé fut dépossédé de si bonne heure, il vous la communique, il vous la rend, tant il l'a gardée en lui, tant il la porte dans son sang.

Montez quelques degrés, et des figures souriantes vont vous accueillir.

Vous avez, sans y penser, traversé la galerie du balcon, dont les soins intelligents de madame la comtesse de Chambord, qui ne se lasse pas d'aimer Venise, ont fait une serre délicieuse, toute remplie de magnolias et de lauriers roses, et vous voilà dans le grand salon rouge; un salon du faubourg Saint-Germain, moins le bruit des voitures au dehors, et plus ce coin de ciel oriental qui, dès qu'une croisée s'entr'ouvre, se révèle.

Six heures sonnent, la royale famille paraît : Monsieur le Comte, Madame la Comtesse de Chambord et la reine Marie-Thérèse, en France Madame la Dauphine.

M. le comte de Chambord vous aborde d'un air de franchise et de loyauté qui soudain vous met en confiance, et pendant les premières paroles qu'il vous adresse, son regard entame avec votre conscience un de ces dialogues profonds et muets qui ne trompent pas. Chaque fois que vous levez les yeux, vous rencontrez ce regard appliqué sur vous, calme et puissant, d'une limpidité inaltérable, qui interroge sans déconcerter, et dont tout le monde parle, parce qu'il frappe en effet tout le monde.

La figure de M. le comte de Chambord rappelle le type bourbonien, mais animé d'une fleur de vie et de jeunesse que nos générations n'ont pu voir que dans les portraits des rois de la maison de France. Il y a aussi, et nous ne serons pas les premiers à le remarquer, comme un signe de prédestination étendu sur cette physionomie. M. le comte de Chambord, toujours vêtu de noir, n'a rien qui le distingue du commun des hommes, rien, pas même la plaque de l'ordre du Saint-Esprit, qu'il néglige de porter, et cependant, perdu dans un salon, confondu à la foule, on irait malgré soi s'informer de lui. Il est de ceux pour qui l'indifférence n'est point faite, et nul ne rencontrera sans en être saisi ce profil qui tient de la médaille, cette noble tête qui paraît devoir provoquer l'effigie.

A peine M. le comte de Chambord vient de vous quitter, sa royale compagne lui succède.

Affable, prévenante, d'une bonté, d'une douceur, d'une bienveillance sans exemple, la princesse gagne en quelques secondes cette invincible sympathie que commande l'aspect du prince. C'est un charme qui vous ravit, une grâce à laquelle on ne résiste pas. On ne saurait imaginer plus de ressources du côté de l'esprit, plus de nobles qualités du côté du cœur, et dans la dépense de ces trésors plus de modestie et d'ingénuité. Élevée et flexible dans sa taille, d'une élégance innée, grande dame avec un air un peu timide qui semble ajouter un nouveau charme à ses moindres démarches, madame la comtesse de Chambord exerce autour d'elle une puissance toujours souveraine chez une femme, à quelque rang d'ailleurs qu'elle appartienne : la puissance de la supériorité qui s'ignore. On se rappelle en la voyant ces intelligentes princesses de l'Italie au temps où régnait à Ferrare ce sang d'Este, dont elle est, avec cette différence, que par cet esprit aimable et cultivé, l'éducation française a passé, et qu'avec cette langue dont elle a si merveilleusement pris l'accent, de plus grands instincts lui sont venus.

Passe enfin madame la Dauphine, et devant cette majesté de l'infortune et de l'immolation, le cœur le plus sceptique, le plus froid, le plus endurci ne saurait se défendre d'un respect qui va jusqu'à l'attendrissement. Madame la Dauphine n'a rien perdu dans sa physionomie, dans sa voix, dans toute sa personne, de ce caractère accentué qu'on lui connaît en France. L'âge et les malheurs n'ont pu abattre cette nature énergique et virile et ces yeux rougis à force de pleurer ne devaient pas s'éteindre dans les larmes. Je dirai plus, la figure de madame la Dauphine emprunte aux circonstances si douloureuses au milieu desquelles nous vivons une sorte de grandeur et de consécration plus hautes. En présence de cette majesté vêtue de noir, de ce visage sur lequel à chaque trait vous retrouvez Louis XVI, tout le passé revit. C'est le deuil de l'histoire que cette noble femme, c'en est aussi la vénération, et ce besoin de respect inhérent au cœur de l'homme, et qui par ces temps de dégradation et de honte trop souvent cherche en vain à s'exercer, s'attache à elle pour ne la plus quitter.

La conversation de madame la Dauphine ne respire que la plus évangélique mansuétude. On sent qu'elle a désormais, sinon tout oublié, du moins tout pardonné ; pas un mot amer, pas un reproche, pas une plainte, et cependant Dieu sait si la France a été impitoyable, et pour employer une belle expression de M. de Chateaubriand, cruellement remémorative envers elle. L'auteur de ces pages n'oubliera jamais avec quel détachement sublime des choses de la terre, quelle sereine et profonde indulgence à l'égard des hommes, il l'entendit parler un jour qu'il avait l'honneur de l'accompagner en chemin de fer de Venise à Vérone. Injures et martyres, la religion a tout effacé, et les derniers jours de cette vie chrétienne se consomment dans un touchant hommage d'affection, de dévouement, de respectueuse fidélité que la fille auguste de Louis XVI rend à son neveu, devant qui elle se lève quand il entre et qu'elle appelle son roi.

VIII

Sitôt après le dîner, d'ordinaire très-rapide, on revient au salon jusqu'à neuf heures, auquel moment M. le comte de Chambord lève la séance et vous rend votre liberté.

C'est surtout dans le trop court intervalle de ces deux heures qu'une observation sincère et loyale aura pu surprendre les points essentiels qui distinguent la haute intelligence du jeune chef de la maison de Bourbon.

Madame la comtesse de Chambord s'est assise, occupée à quelque tapisserie; le prince a pris place à côté d'elle, ayant à sa gauche madame la Dauphine ; les femmes se rangent autour de la table et brodent; les hommes assis ou debout, écoutent et répondent; insensiblement la conversation s'engage et poursuit sa marche.

Naturellement, plus le cercle est restreint, plus de liberté règne et plus on se retrouve en France. C'est encore dans ces instants, d'un si vif intérêt, que se révèleraient à vous, si vous pouviez les ignorer, toutes les grâces, tous les mérites de madame la comtesse de Chambord, de Marie-Thérèse, comme l'ont appelée les habitants du duché de Modène, où d'ineffaçables souvenirs d'elle sont restés.

Marie-Thérèse, surnom illustre, qui déjà signalait sur le sol natal celle qui devait plus tard devenir la compagne du premier prince de France, et dont l'âme a prouvé qu'elle était à la hauteur des plus intrépides dévouements.

Qui ne s'est ému, à Vienne cet hiver, de l'héroïque exemple donné par madame la comtesse de Chambord lorsque son glorieux frère mourut d'une mort digne de Saint Louis !

Le jeune empereur, en rentrant d'une tournée dans ses états, avait traversé Brünn de nuit, et le prince Ferdinand d'Este, général au service d'Autriche, venait avec son état-major de lui rendre au passage les honneurs militaires.

On était à cheval, en uniforme ; il s'agissait de finir dignement la nuit.

« Que faisons-nous ? dit le prince à ses aides-de-camp. — Puis après un moment de silence : Vous savez quels affreux ravages le typhus exerce, nos pauvres soldats y succombent par centaines ; si nous allions visiter l'hôpital et observer par nous-mêmes les soins que l'on donne aux malades ? L'heure est favorable, on ne nous attend pas, venez ; au moins serons-nous sûrs ainsi de nous rendre un compte plus exact. »

Un horrible typhus, rapporté des campagnes de Hongrie, décimait, en effet, à cette époque, certains casernements de l'empire, parmi lesquels l'infirmerie de Brünn passait pour le plus ravagé.

Arrivé à l'hôpital militaire, le prince se fait ouvrir les portes, annonce le but de sa visite et son intention de pénétrer plus avant ; à quoi les médecins répondent qu'ils ne le permettront pas, attendu qu'agir de la sorte c'est courir à une mort certaine, l'air de la nuit n'ayant pas été renouvelé dans les salles, où règne une atmosphère véritablement pestiférée à laquelle les aides de service eux-mêmes ne résistent plus.

Le prince insiste, on s'efforce de le dissuader; vaine lutte! et, suivi des es trois officiers, il s'aventure à travers l'épouvantable contagion. Chaque lit reçoit sa visite, chaque moribond entend sa voix consolatrice; il étend sur les moindres détails son inquisition, s'informe, examine, encourage le bien, relève les abus, et la séance se prolonge ainsi jusqu'au jour. Pieux et fatal désir de connaître qui devait lui coûter la vie!

Au sortir de là, le prince Ferdinand d'Este et ses trois aides de camp se sentaient envahis par le mal, et quelques jours après les trois aides de camp ayant succombé, il ne restait plus que le prince, auprès duquel une héroïque sœur bravait à son tour la contagion qu'il avait, lui, si généreusement affrontée.

Cette sœur héroïque, c'était madame la comtesse de Chambord.

Eloignant tout le monde des approches de la contagion, persistant à s'y exposer seule, et consommant jusqu'au bout son sacrifice avec cette charité magnanime, ce courage viril qu'inspire la conscience du devoir, et qui en d'autres dangers, on peut bien y compter, jamais ne l'abandonneraient.

IX

J'ai dit qu'une des premières qualités qui vous frappent chez M. le comte de Chambord, c'est une information nette et précise des choses, une entière et parfaite connaissance des hommes, et dans l'appréciation, dans le jugement, une très-rare clairvoyance, un grand instinct national, une grande libéralité en même temps que beaucoup de valeur et d'aplomb. Ces qualités qui, dès l'abord, se manifestent, tant, pour ainsi parler, elles sont à la surface de cette noble nature, à mesure que vous approchez le prince plus souvent, ne font que se développer et que vous saisir davantage.

M. le comte de Chambord cause de tout avec l'accent d'un homme qui aurait quitté Paris il y a deux heures. Comment cela se produit, nous ne le dirons pas. Il se peut cependant que l'éducation qu'a reçue le prince, éducation fort tiraillée en sens divers, ainsi qu'on l'a vu dans les Mémoires de M. de Chateaubriand, et passant tour à tour de M. de Latil à M. de Barande, de M. de Barande à M. le baron de Damas, il se peut que cette éducation à laquelle eût succombé toute intelligence ordinaire, ait, en s'exerçant sur un esprit généreux et réfléchi, contribué miraculeusement à produire ce résultat. Personne n'ignore, en effet, comment procèdent d'habitude ces successions d'enseignement, et comment, d'un premier trait de plume, le précepteur nouveau s'efforce de rayer dans la tête de son élève toutes les idées qu'y avait mises le précepteur qu'il a charge de remplacer. L'épreuve ici est décisive pour l'enfant : s'il est faible, il périra dans la confusion ; si au contraire il a de la force, il y puisera une précoce indépendance ; et ces variations provoquant dans sa pensée des crises salutaires, il n'en commencera que plus tôt à voir, à comparer, à juger par lui-même, à se rendre compte de tout selon son libre arbitre, et sans recourir aux illusoires informations d'un prochain qu'il a vu tant de fois se contredire. Telle a dû être, nous n'en doutons pas, sur la nature éminemment supérieure de M. le comte de Chambord, l'influence de cette éducation, dont M. de Chateaubriand a raconté si bien les vicissitudes. A force de s'être trouvé mêlé à ces combats d'opinions exclusives qui le froissaient, l'esprit du jeune prince s'est élevé au-dessus de ces opinions, et à son tour les a jugées. De là une libéralité profonde, un sens impartial et droit; de là aussi cette saisissante perception des faits et de leurs rapports. A vrai dire, l'éducation de M. le comte de Chambord, c'est lui, et lui seul, qui se l'est faite; placé en face des révolutions qui depuis plus d'un demi-siècle travaillent l'Europe, héritier direct de soixante rois, vivante incarnation de tout un passé plein de gloire, les événements et la conscience du grand nom qu'il porte ont dû l'instruire de bonne heure.

« J'ai toujours considéré comme le plus doux plaisir du monde la satisfaction qu'on trouve à faire son devoir. J'ai même souvent admiré comment il se pouvait faire que l'amour du travail étant une qualité si nécessaire aux souverains, fût pourtant une de celles qu'on trouve plus rarement en eux. » Ces lignes renferment, selon nous, l'expression la plus vraie qui se puisse donner de la conduite et de la vie de M. le comte de Chambord, et Louis XIV semble y avoir tracé la loi morale que son neveu s'est imposée.

M. le comte de Chambord emploie surtout les loisirs de son exil à méditer sur cette grande question du prolétariat dont les passions se sont emparées de nos jours avec tant de frénésie. C'est surtout vers ce côté de l'économie politique que se tournent son application et sa pensée; il sait que lui seul pourrait oser, parce que lui seul serait fort. Que tenter en effet au milieu des orages qui nous emportent? Ces améliorations profondes dans le sort des classes malheureuses ne sauraient être réalisées, il faut cependant bien le reconnaître, que par un pouvoir vigoureux et solidement assis. D'un pays dont la vie se retire, il devient insensé de prétendre exiger de grands efforts. Et là se montre dans toute sa nudité la mauvaise foi de ces gens qui, en même temps qu'ils font des vœux en faveur des déshérités de la fortune, ne perdent pas une occasion de provoquer des mouvements séditieux, comme si ces deux choses, l'agitation de la rue et le bien-être des classes ouvrières, ne s'excluaient pas fatalement l'une l'autre. Et c'est pourquoi je soutiens qu'un socialiste convaincu, un socialiste de cette trop rare troisième espèce inventée l'autre jour à la tribune par M. de Lamartine, doit commencer par avoir en horreur tout gouvernement d'équivoque stabilité. D'ailleurs, s'il est vrai qu'il y ait un socialisme honnête, légitime et saint, qui se compose de tout ce qui tend à la fusion des classes, à l'assistance, à la liberté, à la fraternité, à l'amour, à l'accessibilité de tous au travail :

Ce socialisme-là se nomme la charité chrétienne, et revendique pour lui saint Vincent de Paul.

Se préparer et attendre, s'en remettre à la Providence et au pays, rôle fort simple en vérité, que le premier venu semblerait devoir remplir, et cependant, quelle responsabilité que celle-là, et combien eussent échoué sans ce suprême goût qui faisait dire à quelqu'un que si le tact n'existait pas, M. le comte de Chambord l'aurait inventé !

En effet, depuis tantôt quinze ans que le prince pose devant l'Europe, quelle faute lui peut-on reprocher, de quelle erreur s'est-il rendu coupable, même au seul point de vue des intérêts de sa cause? N'est-ce point à lui qu'on devrait appliquer cette parole célèbre, qu'à défaut d'autres mérites, la probité, la droiture et l'honneur seraient encore, en fait de spéculation, ce qu'il y a au monde de plus habile, à lui dont la noble vie, connue de tous, n'a jamais laissé prise, nous ne dirons pas à la calomnie, mais à la malveillance?

Il n'importe ; nous savons que pour beaucoup de gens cette attitude calme, cet invincible éloignement de tout ce qui, même de loin, peut ressembler à de l'intrigue, cette confiance dans les destinés de la France s'appellent manque d'initiative. Venise et Frohsdorf sont bien loin, et par le temps qui court deux et trois révolutions peuvent se faire à Paris avant qu'on en soit informé. Parler de la sorte, n'est-ce point singulièrement abaisser le sujet, et pense-t-on que d'une question semblable pourrait jamais dépendre, au jour venu, le rétablissement de la monarchie dans la personne de son légitime représentant? D'ailleurs, quelles conditions de durée serait-on en droit d'attendre d'un gouvernement ainsi mis au concours et dont l'ambition la plus tôt arrivée n'aurait qu'à prendre possession? Que d'autres se remuent et s'agitent, M. le comte de Chambord attendra que la nation l'appelle, et la nation ne s'est point méprise sur le sentiment de dignité qui dirige sa conduite. Si jamais, après tant de bouleversements et d'orages, le principe monarchique se reconstitue en France, il aura besoin pour fonctionner de toutes ses forces, de tout son prestige. Or, ce fait seul exclut toute idée de coup de main, attendu que de ce principe il n'y a au monde aujourd'hui qu'un seul dépositaire, lequel s'appelle M. le comte de Chambord.

Qui donc serait assez criminel ou assez fou pour songer à recommencer des combinaisons impossibles dont la révoltante iniquité n'égalerait même pas la démence ?

Restez en dehors du principe, libre à vous ; la société peut s'en passer, et glorieusement elle le prouve à cette heure !

Mais si, épouvantés des horribles passions qui se déchaînent, si, frappés de terreur, vous voulez y rentrer, n'espérez plus en fausser les lois.

La tradition politique comme la famille a son ordre de succession contre lequel ni l'intrigue ni la capacité ne prévalent, et pour si habile qu'on vous donne, ainsi que nous le disions plus haut, vous ne ferez jamais que le père soit le fils, ou le neveu l'oncle. Une illustre catastrophe l'a prouvé, et d'ailleurs tous désormais semblent le comprendre; qu'on se donne donc la main une bonne fois et devant tous. A défaut des sentiments, que les intérêts parlent, les intérêts de la France qui, pendant qu'on perd le temps en stériles négociations, s'écroule sous le marteau des démolisseurs.

Unis, on sera forts, et plus que jamais la force est nécessaire en face des éventualités qui se préparent.

XI

Si la révolution, comme l'orage, détruit tout devant elle, prétendait jadis le vieux libéralisme, comme lui elle passe, et l'atmosphère en est ensuite rafraîchie et fécondée.

Que pensent aujourd'hui de cette belle maxime les hommes qui avec tant de talent et d'autorité la professèrent sous la monarchie?

Exceptez la guerre de l'indépendance américaine qui seule la confirme, quelle autre justification lui trouvez-vous dans l'histoire? car on ne saurait invoquer de bonne foi la révolution d'Angleterre, laquelle ne s'est faite, en fin de compte, qu'au profit des tories.

Restons en France, et cherchons ce qu'à tant de bouleversements ce noble pays a gagné, depuis trente-trois ans qu'il sert de théâtre à de stériles combats incessamment provoqués par les plus illusoires espérances?

De 1815 à 1830 la France a-t-elle manqué de liberté, d'indépendance et de bien-être?

Au dehors la diplomatie s'est-elle jamais abaissée aux concessions où plus tard nous la vîmes descendre?

Et pourtant le jour vint où cette liberté, cette indépendance, ce bien-être, cette diplomatie qui avait cependant fait la guerre d'Espagne, assuré l'indépendance de la Grèce et conquis Alger, cet agrandissement de la

France, tâche glorieuse à laquelle nul Bourbon n'a failli (1), Charles X les paya de l'exil.

1830 promit beaucoup, c'était sa loi; quelle autre raison aurait-il pu donner en effet de son avénement?

Les dix-huit années qui se sont écoulées depuis le début du règne de Louis-Philippe jusqu'à sa fin si misérable ont montré ce que ces promesses devaient tenir.

« Les hommes naissent et demeurent égaux en droits. » La révolution de 89 éclata en France pour le triomphe de ce principe, et cette révolution, après avoir passé par des torrents de sang, arrive quinze ans plus tard, à quoi? au despotisme, à un despotisme cent fois plus rude et plus insupportable que ne le fut celui qu'elle avait renversé.

A 1789, 1830 devait renouer le cours des choses.

(1) Pas même Louis XV, témoins la Corse et la Lorraine.

En quoi ces espérances nouvelles se sont-elles accomplies?

Qui a occupé ce long règne?

L'émeute à soumettre d'abord; après l'émeute vaincue, d'infatigables tentatives d'assassinat; enfin les plus honteux scandales de la corruption. Il est juste d'ajouter qu'en même temps qu'il s'épuisait en corruptions, ce règne soutenait vigoureusement la lutte avec le flot toujours montant de l'anarchie. « Sans moi, a-t-il pu dire, les mauvaises passions contre lesquelles la société combat en désespérée à cette heure, vous eussent débordés quinze ans plus tôt. » Raisonnement qui a aussi son fonds de vérité, mais qui rappelle trop M. de Lamartine se louant d'avoir empêché le terrorisme.

Ce qui eût mieux valu que d'empêcher le terrorisme, c'eût été de ne pas déchaîner la révolution.

Ce qui eût mieux valu que d'engager avec les mauvaises passions une fois enhardies par l'ivresse de la victoire, une lutte impossible, c'eût été de ne pas consacrer de toutes les forces qu'on avait en soi le principe révolutionnaire.

Nous voici arrivés à notre troisième révolution, à notre troisième expérience.

Qu'y avons-nous gagné?

Charles X fut chassé de France pour avoir rendu des ordonnances contre la presse, Louis-Philippe pour n'avoir point voulu reconnaître le droit d'association.

La presse jouit-elle sous la république d'une liberté beaucoup plus grande, et le droit d'association voyons-nous qu'il s'y soit maintenu dans ce qu'on appelle son intégrité?

C'est qu'après avoir fait le tour du cercle force est à chacun de convenir que, pour la république comme pour la monarchie, la liberté illimitée c'est la licence, et qu'avec la licence et l'anarchie aucun gouvernement de quelque nom que vous le nommiez ne peut être.

Il a fallu trois révolutions pour nous amener à reconnaître cette vérité.

L'expérience au moins nous servira-t-elle dans l'avenir, et saurons-nous alors apprécier à leur juste valeur ces oppositions implacables qui, après avoir dénoncé sans relâche à la France les vices de la monarchie, deviennent à leur tour plus impuissantes sous la république à satisfaire aux nécessités du présent ?

Est-ce qu'il dépend d'une forme politique de rendre la société plus honnête, plus morale, plus humaine, de détruire l'égoïsme, l'envie, l'exploitation des uns par les autres, d'en finir avec la misère des classes souffrantes, d'empêcher les inégalités entre les fortunes et les éducations?

Laissons de côté certaines abstractions d'autant plus dangereuses qu'elles sont plus confuses et que les esprits égarés cherchent à en tirer dans la vie pratique de plus immédiates conséquences : les droits, par exemple, dont on parle toujours sans ajouter jamais un mot des devoirs.

Quels bienfaits la forme républicaine a-t-elle donnés à la France, dont la monarchie n'aurait pas poursuivi avec plus d'autorité, de sérieux et d'aplomb l'accomplissement définitif?

Les impôts sont-ils moins lourds qu'au temps de Charles X? L'existence et la propriété plus sauves? Quels développements nouveaux ont pris le commerce et l'industrie? En quoi le crédit public s'est il augmenté? Interrogez les capitalistes, les créanciers des caisses d'épargnes, les propriétaires de biens-fonds, les actionnaires de chemins de fer, ils le savent eux et vous répondront. Est-ce que de la prospérité du commerce n'a pas dépendu en tout temps le travail et le bien-être des ouvriers? Or, cette prospérité pense-t-on que ce soit par décrets révolutionnaires qu'elle se laisse organiser, et faut-il être un si grand politique pour comprendre que le travail n'est fécond qu'autant qu'il répond aux besoins, et que la production ne se règle que sur la consommation ?

L'ordre, le calme, la sécurité du lendemain, voilà désormais où la France aspire avant toutes choses, ce qu'il lui faut et ce qu'elle veut. Comment elle y atteindra, il appartiendra à elle seule d'en décider quand l'heure aura sonné pour la révision légale de la

Constitution.

Fasse le ciel qu'à cette heure définitive la France se rappelle ces paroles prophétiques de Vergniaud, qu'on ne saurait, trop d'ici là recommander à nos méditations : « Mes amis, » s'écriait le girondin célèbre avec ce coup » d'œil inspiré du mourant qui plonge dans » l'avenir du haut d'un échafaud, —en greffant » l'arbre nous l'avons tué, il était trop vieux. » Robespierre le coupe, sera-t-il plus heu- » reux que nous? Non, ce sol est trop » léger pour nourrir les racines de la liberté » civique, ce peuple est trop enfant pour ma- » nier les lois sans se blesser; *il reviendra à ses* » *rois*. Nous nous sommes trompés de temps » en naissant et en mourant pour la liberté » du monde; nous nous sommes crus à Rome » et nous étions à Paris. »

Que de choses en 1852 seront devenues possibles qui, considérées du point de vue de l'heure présente, à bien des esprits semblent encore chimériques! C'est à ces choses qu'il faut dès aujourd'hui aider par le rapprochement et la concorde, et nous ne parlons pas seulement ici des deux royales familles, mais en même temps des partis. Se rencontrer loyalement sur le terrain de l'ordre, soutenir ce qui est; l'heure présente n'indique pas d'autres devoirs.

Plus tard la France avisera.

Nous pourrions ajouter aussi la Providence; car une combinaison, où, sous le représentant direct de la famille *incontestée*, comme disait Benjamin Constant, sous le principe de la tradition monarchique se rangeraient les noms de d'Orléans et de Bonaparte, où comme trois couleurs dans un drapeau se fondraient dans un même esprit d'ordre et de conservation sociale les trois forces diverses, sinon égales, qui tour à tour ont occupé l'histoire contemporaine, une pareille combinaison marquerait irrévocablement entre le passé et l'avenir une ère de réconciliation solennelle dont il faudrait d'abord remercier la Providen

FIN.

Typ. Dondey-Dupré, rue Saint-Louis, 46, au Marais.

www.ingramcontent.com/pod-product-compliance
Ingram Content Group UK Ltd.
Pitfield, Milton Keynes, MK11 3LW, UK
UKHW021230230726
13926UKWH00003B/1352